gerhard vormwald **mannheim**
revisited

gerhard vormwald
stadtbilder

Mannem vorne

Geben wir es doch zu: Wir mögen die Menschen und die Städte, in denen sie hausen, ihrer Abgründe wegen. Der Schorf zieht Linien, nicht der Lack. Die alternativen Stadtführungen bringen uns das Wesen einer Kommune viel näher als die hochoffiziellen Glanzbroschüren. Mord zwischen Messer und Gabel statt kurfürstliches Tafelsilber.

Gerüche, Gesichter, Geschichten

Gerhard Vormwald wirft mit seinen Bildern einen ganz ungewöhnlichen Blick auf Mannheim. Fotografie aus der Hosentasche könnte man das nennen, beiläufig, zufällig, aber doch so typisch, direkt und ehrlich, wie das Alltagsleben nun einmal ist. Vormwald schafft Kontraste, deren Spannungsbogen sich oft erst beim 2. Blick erschließen. Seine irritierenden Bildpaare sind Stolpersteine für den Betrachter, nichts für rasches Dahinblättern, dafür voller Überraschungen, nicht ohne Situationskomik, ein bißchen verfremdet, ein bißchen schrill. Die Einladung, Mannheim zu entdecken. Bitteschön.

Quadrate, Rechtecke und ein Ring

Wenn man Mannheims Mitte beschreiben sollte, so könnte man das in Längen- und Breitengraden tun. Ins Herz einer Stadt allerdings trifft man auf andere Weise. In unserem Fall auf den Paradeplatz, wo die Hausnummern P1, Q1, D1 und E1 heißen. Wo das Schachbrettmuster der Stadt, wo sich Planken und Breite Straße treffen. Lauter Quadrate hat die Stadt, manchmal auch ein Rechteck, in ein Hufeisen, den Ring eingefügt und an der offenen Seite vom Schloß begrenzt. Praktisch, einfach, übersichtlich. Jetzt muß man nur noch richtig zählen, von A1 bis U6. Ich geh ums Quadrat, sagt der Mannheimer. Und: Meine Kinder gehen auf die U-Schule. Jedenfalls muß sich der Postbote nicht reihenweise Philosophen, Politiker, Landschaften oder Wagneropern merken. Markenartikel Quadratestadt, das klingt viel griffiger als Wirtschaftsmetropole am Zusammenfluß von Rhein und Neckar. Oder: Siebtgrößter Ballungsraum in Deutschland. Und was für einer. Alle paar Meter betritt man ein anderes Bundesland. Baden-Württemberg, Rheinland-Pfalz und Hessen stoßen hier aufeinander. Was hat es gedauert, bis endlich ein gemeinsames Nahverkehrssystem zustande kam. Herausforderungen und Chancen, sagt die Geschäftsführerin des Rhein-Neckar-Dreieck-e.V., einem Verein, der alle gerne zusammenbringen will.

Der Rhoi fließt breet

Mannheim, sagt Bülent Ceylan, der türkische Kabarettist, ist natürlich auch meine Stadt, da bin ich geboren. Seine Figur Harald stammt aus den nördlichen Vororten, Waldhof, Schönau, Luzenberg, die Industriezone, Einfachstwohnungen, schlechte Luft, hohe Arbeitslosigkeit und rote Hochburg. Da heißen die Straßen Zäher Wille, Frischer Mut, Große Ausdauer und Frohe Zuversicht. Seinen Harald führt Ceylan in breitestem Dialekt vor, ein Typ, so angeberisch und provozierend, – ein Versager wie er im Buche steht, ein zu kurz Gekommener. Man muß ihn einfach mögen, diesen Proleten, mit dieser ordinären Sprache, die ein anderer Kabarettist, Hans-Peter Schwöbel, so beschreibt:

„Der Rhoi fließt breet. Die Rhoi-Ewene liggt breet in de Sunn. Der Woi hängt breet in de Wingert. Warum solle mir do net breet schwätze?"

Der zweite Angeber ist in der westlichen Unterstadt zu Hause. Der Türke Hassan, den sein Vater unbedingt zum Boss übers gesamte Viertel trimmen möchte, aber leider, leider, über die alltägliche Schlitzohrigkeit kommt auch dieses Großmaul nicht hinaus. Volle Säle hat Bülent Ceylan mit seinen Figuren, die meisten Fans sind junge Türken, die sich schief lachen über Andeutungen, die dem Alltagsdeutschen den Vorwurf der Ausländerfeindlichkeit einbringen würden. Ein Stück Mannheim, ehrlich und liebenswert.

Klein-Istanbul

Die Filsbach, der Jungbusch, die schillerndsten Viertel Mannheims, mit der größten Moschee Deutschlands und einer der größten türkischen Gemeinden. 23 000 haben sich dort eingerichtet, wo die Wohnungen ärmlich und die Hinterhöfe düster sind. Die ersten Arbeitskräfte aus Anatolien sind wie Menschen zweiter Klasse behandelt worden. Die Enkel sind selbstbewußt und erfolgsorientiert. Sicher, man bleibt unter sich und wer Klein-Istanbul erleben will, der muß sich schon selbst hinbequemen. Ein Gewusel und Gehandel, Telefone zum Billigtarif sind an die Hauswände montiert, die Gerüche des Orients wehen aus den Gemüseläden, die Gebetskette rasselt um den Zeigefinger. Kitsch und Krimskrams in den Schaufenstern.

„400 türkische Unternehmer haben wir in der Stadt", sagt der Ausländerbeauftragte und Türkspor spielt inzwischen in der Fußball-Landesliga. Dort wo Mannheim zu sterben drohte, haben die Ausländer für pralles Leben gesorgt. Neben den 23 000 Türken, 9 000 Italiener, 3 000 Griechen, 2 000 Spanier und 6 000 Kroaten.

Brüche, Umbrüche

Ente an getrüffeltem Sellerie-Püree, Visa willkommen. Grimms Märchen, Alchimia und L'épi d'or heißen die Nobel-Restaurants mitten im Milieu. Wenn man leichter Parkplätze fände, würde man öfter kommen. Und wer im Odeon-Café einst nach dem WC fragte, wurde ins Odeon-Kino verwiesen, nur dort gab's das gemeinsame stille Örtchen, wenn's geht aber bitte erst nach der Vorstellung, da hieß es Maß halten. Ein Quartier wie ein Roman. Wie viele Seiten dürfen es sein? Hereinspaziert, mit allen Sinnen.

Als die Moschee gebaut wurde, mußten erst alle Seiten sachte miteinander ins Gespräch gebracht werden. Dabei ist die Gegend gar nicht zart besaitet. Das Rotlichtmilieu am Rande des Hafengebiets, die Zocker, Säufer und Kriminellen, die dort Unterschlupf fanden, einen Mafia-Boss holte man direkt aus einer Kneipe. Aber Allah ist gnädig und vergebungsvoll, viel schlimmer für die Muslime ist, daß der Muezzin nicht vom Turm rufen darf, wo doch die christlichen Glocken regelmäßig den Sonntagsschlaf jäh beenden. Ach ja, dann auch noch die Frage, wie konservativ darf eine Türkische Gemeinde in Deutschland sein. Christen und Moslems sind Brüder, predigt der Vorbeter, der im Ausländerbeirat seine Landsleute vertritt.

Zölle, Hafenbecken und Sackträger

1868. Das Jahr muß man sich merken. Damals wurde die Mannheimer Rheinschiffahrtsakte unterschrieben, ein Fanal für die Stadt, die zu Beginn des 19. Jahrhunderts so vor sich hingedümpelt hat. Zölle erheben, das war schon immer Sinn und Zweck der Feste Mannheim gewesen, denn die Schiffahrt auf dem Rhein war günstig anzuzapfen. Aber erst die Rheinschiffahrts-Konvention von 1831 und der Beitritt Badens zum Zollverein 4 Jahre später machten den Weg frei für den Aufstieg Mannheims zur Handelsstadt. Eine positive Bruchstelle. Magisch zog die Stadt Industrielle, Kaufleute, Ingenieure, Banker und Wissenschaftler an. Von 1871 bis 1900 stieg die Einwohnerzahl von 39 606 auf 141 147.

Der Hafen heute ist in Teilen ein modernes Logistikzentrum, führend in Deutschland, aber auch eine wahre Fundgrube für Nostalgiker. Wie in einem Antiquitätengeschäft kann man durch die alten Hallen, Gebäude und Hinterhöfe schnüffeln, auch ein Biotop für alle möglichen Pflanzen, die die Herrschaft über Industrieruinen übernommen haben. Da ein Autoausschlachter, dort eine Häuserzeile mit flatternder Wäsche, lange Schienenwege, Hafenbecken, Brücken. Deutsch-Holländische Tabakgesellschaft steht da geschrieben und Trans-Logistik. Das Asylbewerberheim haben sie auch dorthin verbannt und am Eingang das Denkmal des Sackträgers, des typischen Tagelöhners, der Schiffe entlud. Ein eigenes Arbeitsamt hat es im Hafen gegeben. Ab 5 Uhr morgens, Neonlicht, graue Gesichter auf Bänken an der Wand entlang. Und oben, hinter dem vergitterten Fenster, rief der Vermittler die Angebote in den toten Raum.

Bei der Orderstation auf der Friesenheimer Insel, am offenen Rhein, ist die Kulisse futuristisch, die BASF: verrenkte Rohre, Gasfackeln, Tanks und ein stechender Geruch bei Westwind. Bier aus der Flasche, auf der Terrasse, ein Platz für Abgedrehte. Brüche. Hier gingen früher die Lotsen an Bord, um die Schiffe durch die Fahrrinne zu manövrieren, der Rheinkies, ein ewiger Mahlstrom. Dieser riesige Mannheimer Hafen im Rhein-Neckar-Delta hat ein enormes Entwicklungspotenzial. Wohnen in den Docks, der erste Mutige baut schon die Kaufmannsmühle zu einem Loft um, Utopien wie die Londoner Canary Wharf. Brüche. Entwicklungen.

Geburtsort der Mobilität

„Auf der Ebene geht die Maschine wie ein Pferd im Galopp", schreibt Freiherr von Drais, als er 1817 mit seinem Laufrad in Mannheim übers holprige Pflaster eilt. Das Fahrrad in seiner ursprünglichsten Form war erfunden. „Mannheim ist der Geburtsort der Mobilität" sagt Professor und Fahrradforscher Professor Hans-Erhard Lessing. 1886 folgt die weltweit erste Ausfahrt mit einem Automobil Marke Benz. Bertha Benz persönlich sitzt am Steuer und viel Geschrei gibt's an der Strecke. Eltern reißen ihre Kinder von der Straße, Gänse und Hühner flattern laut kreischend zur Seite. 14 Jahre später rollt der erste Bulldog vom Band, Heinrich Lanz heißt sein Konstrukteur.

Drais, Benz, Lanz – nur einige Namen einer langen Kette illustrer Erfinder und Unternehmer. Heute heißen die Firmen La Roche, John Deere und DaimlerChrysler, den Ton in der Region geben Finanzdienstleister wie MLP und die Software-Schmiede SAP an. Umbrüche.

Und Brüche, an denen Mannheim bis heute zu leiden hat. 1890 gab es siebzig Maschinenfabriken und Gießereien. Schwerindustrie, Garant für Wohlstand und Fortschritt schwemmte Mannheim an die Spitze deutscher Städte. Aber die Zeiten, sie sind nicht mehr so. Was fängt man mit einer solchen Erbschaft an, wenn Dienstleistungen gefragt sind. An diesem Umbruch hat Mannheim bis heute zu leiden.

Kaaf mer ebbes ab

Das krähte der kleinwüchsige Blumenpeter, wenn er durch die Kneipen zockelte und seine Veilchensträuße anbot. Peter Schäfer, 1875 als Kind der ledigen Tagelöhnerin Barbara Berlinghof geboren. Geistig behindert, gehänselt, verspottet, vorgeführt und weggesperrt. 1940 stirbt er im psychatrischen Landeskrankenhaus in Wiesloch. Wir bestimmen unsere Helden selber, sagen die Mannheimer und machen den zurückgebliebenen Hinkefuß zu ihrem Maskottchen. Ein Denkmal haben sie ihm errichtet, der ein schweres Leben hatte. Typisch Mannemerisch: ein Herz für kleine Leute.

Eine Mannheimerin hat Mozart 1782 geheiratet, Constanze Weber, die zweite Wahl, denn eigentlich wollte er deren Schwester Aloisia ehelichen, die aber wollte ihn nicht und eine Oper durfte er am Hofe auch nicht schreiben, nur bei einem Konzert vorspielen. Ins Poesiealbum der Nettigkeiten log er: „So wie ich Mannheim liebe, so liebt Mannheim mich". Verschmähte Liebe.

Und noch ein Berühmter. Friedrich Schiller, dessen Uraufführung der Räuber am Mannheimer Nationaltheater wie ein Fanal für die Bühne wirkt. Sein Denkmal steht in B3. Als Theaterdichter wollte der damalige Intendant Freiherr von Dahlberg den jungen Heißsporn allerdings nicht. „Ich glaube, behaupten zu dürfen, daß bis jetzt das Theater mehr durch meine Stücke gewonnen hat, als meine Stücke durch das Theater", schleudert Schiller dem Intendanten entgegen und kehrt der Stadt den Rücken. Die Mannheimer lieben ihren Schiller bis heute für seine Räuber und ihr Theater obendrein.

Metropole der Kurpfalz

Mozart und Schiller kamen nicht von ungefähr nach Mannheim. Unter Kurfürst Carl Philipp, aber vor allem seinem Sohn Carl Theodor hatte sich die Stadt ab 1720 zu einem Zentrum für Kultur, Musik, Architektur und Wissenschaften entwickelt. Ein riesiges Schloss wurde gebaut. Aus ganz Europa strömten die Künstler an den Hof, Jesuitenkirche, Sternwarte, Nationaltheater, Malerei und Musik: Mannheim erlebte den Gipfel seiner Bedeutung als Metropole der Kurpfalz. Fragt man heute, als was sich die Einwohner denn fühlen, als Badener gewiß, aber eher noch als Kurpfälzer.

Wie eine Keule traf die Kurpfälzer die Nachricht, daß Kurfürst Carl Theodor nach München übersiedeln werde, sein Erbe anzutreten. Der Hof wanderte ab und mit ihm Glanz und Gloria. Umbrüche.

Es war nicht der schlimmste Zusammenbruch in der Geschichte der Stadt. Viermal wurde sie dem Erdboden gleich gemacht, Opfer der strategisch günstigen Lage im Rhein-Neckar-Delta. Mannheim ist während des 2. Weltkrieges die wohl am häufigsten bombardierte deutsche Stadt.

Braune Horden und roter Widerstand

Und die Stadt des Widerstands. Kein Platz für Hitler und seine Schergen. Mit Fausthieben treiben die Braunen den Oberbürgermeister Hermann Heimerich auf den Balkon des Rathauses, zu seinen Füßen brennt das schwarz-rot-goldene Symbol der Republik. Ein rotes Fahnenmeer ist die Antwort. Arbeiterzeitung, Roter Scheinwerfer, Aniliner und Vorbote heißen die Blätter. Sozialdemokraten und Kommunisten wehren sich. Druckereien in Gartenhäuschen und Kellerräumen, wo auf Rotaprint tausendfach den braunen Horden getrotzt wird. Nur kein Lärm, Polsterbezug über Tapetentüren, das Klappern der Schreibmaschine, Spitzel überall.

Wellensittiche und Zierfische die Passion, aber das Herz schlägt links, Christian Merle, Metallgießer, Amerikanerstraße 5. In seinen Räumen konspirative Treffen, während gegenüber im SA-Heim die Nazis gröhlen. Und dann schlagen sie zu, Gestapo-Aktionen, Verhaftungen, Folter und Todesurteile. 19 Mannheimer sterben unter dem Fallbeil, drei überleben die Qual der Verhöre nicht. Es hat lange gedauert, bis die Lechleiter-Gruppe endlich einen Gedenkstein bekam.

Ami unterm Weihnachtsbaum

Am 17. März erklären die Amerikaner die Stadt per Flugblatt zum Kampfgebiet, die Bevölkerung beginnt zu fliehen, Restbestände der Wehrmacht und die NSDAP-Kader setzen sich in den Odenwald ab. Am 28. März gelingt es den Amerikanern vom Käfertaler Wasserwerk aus über einen Dienstanschluß mit der Hauptverwaltung der Stadtwerke zu telefonieren. Sofortige Kapitulation ist die Forderung. Zur gleichen Zeit trifft im Polizeipräsidium Himmlers Befehl ein, alle Männer ab 14 zu erschießen, die etwa eine weiße Fahne hissen sollten. Das übrig gebliebene Kanonenfutter an die Wand. In N7, über dem Ufa-Palast, flattert ein weißer Lappen im Wind. Während die telefonische Verhandlung über die Kapitulation läuft, zerren Polizisten den Fabrikationsleiter Hermann Adis, den Expeditionsleiter Erich Paul und den Hausmeister Adolf Dolant aus dem Keller des Gebäudes, treiben sie in den nahe gelegenen Lauerschen Garten und erschießen sie standrechtlich. Einen Tag später marschieren die Amerikaner in die Stadt ein. Es ist Gründonnerstag, der 29. März 1945. Frohe Ostern. Zusammenbruch. Aufbruch.

Dann treffen wir sie wieder, die Befreier, die Besatzer. Auf der Mess, ein himmlisches Vergnügen, bei all dem Kasernentrott. Vor Hohmann's Sportschau-Zelt werden Faustkämpfer gesucht. 50 Mark für jeden, der im Publikumskampf gewinnt. Die Amis recken die Arme, melden sich aus der Menge, werden geflissentlich übersehen, die würden die Schaubudenfiguren in Grund und Boden boxen.

Und dann die Frage, sollen wir einen nehmen, vermittelt vom Verbindungsbüro. Ein Amerikaner unterm Weihnachtsbaum gegen die einsamen Stunden der US-Boys. Schweigen unterm Tannenbaum. Was wissen wir schon von der Welt da draußen und von Amerika. Aber den Swing, den Jazz, den Rock and Roll lieben wir, die Jeans und den Kurzhaarschnitt. Mit dem Jeep holen die Amis ihn ab, Wolfgang Lauth, den deutschen Jazzer, in den Nachtclubs spielt er, eine richtige Musikkultur entsteht.

Etwa 15 000 Amerikaner sind in Mannheim zu jener Zeit stationiert. In eigenen Gemeinden, hinter Zäunen leben sie, Benjamin Franklin Village, Spinelli und Coleman-Barracks. Four Roses, Texas- und Hawai-Bar heißen ihre Kneipen in der Stadt, als der Dollar schwächelt, kriegt das Rotlichtmilieu eine Lungenentzündung.

Kulturmeile

Industrie, Amis, Bier am Kiosk, wo bitteschön geht's zur Kultur? Fehlanzeige – von wegen! Mannheim kann sich sehen lassen. Die Kunsthalle, ein Hort der Impressionisten und Expressionisten. Der Begriff „Neue Sachlichkeit" wurde hier geprägt und in der Langen Nacht der Museen ist die Kunsthalle einmal im Jahr selbst noch morgens um Zwei wegen Überfüllung geschlossen. Das Reiss-Engelhorn-Museum mit seiner Sammlung der Stadtgeschichte und Völkerkunde, nun erweitert durch eine zeitgenössische Fotoabteilung, das Landesmuseum für Technik und Arbeit, ein Ort für alle Tüftler. Der Kunstverein, die Galerien. Das Nationaltheater, das Oststadttheater, das Theater in G7, die Freilichtbühne, das Kabarett Dusche usw. usf. In der Alten Feuerwache residiert der erste Rock- und Pop-Beauftragte. Joy Fleming röhrt ihren Neckarbrückenblues und Hans Reffert quält und liebt seine Gitarre. Die allergrößten aber: die Söhne Mannheims mit Xavier Naidoo, dem neuen Stern am deutschen Musikhimmel.

„Wir haben euch noch nichts getan", heißt es auf einem seiner Labels. Zusammen mit den Brotherkeepers. Ein Song gegen Ausländerfeindlichkeit. Mit uns nicht, Mannheim gehört allen. Xavier Naidoo, ein Sohn der Stadt und die Mutter backt Samosas, wie damals in Durban, als sie fliehen mußte vor der Apartheid. Heute lebt sie in Wallstadt, einem Vorort, als Schneiderin mit großem Herzen und munterem Mundwerk. Was für ein buntes Volk.

Let's move to Mannheim

Es hat Einfahrt der ICE. Im Stundentakt ziehen die Silberpfeile durch die Stadt, das große Umsteigeritual, nur den Anschluß nicht verpassen. Wer bleibt? Mannheim hat ein Imageproblem, sagen die Marktforscher. Und wir denken ans eigene Leben. Was ist attraktiv, was hat Bestand, wie setze ich mich durch, wen liebe ich. Schönheitswettbewerb, Großstadt-Mobbing. Ach egal, nimm mich wie ich bin, da hast du mich!

Die Studenten kommen in Scharen, denn wer sich hier einschreibt, hat später mal einen großen Startvorteil. Neue Studienabschlüsse, internationale Vernetzung, flexible Antworten auf globale Fragen, Wirtschaft und Technik auf dem neuesten Stand der Erkenntnis. Durchs Alte Schloß, dem Sitz der Uni, weht ein frischer Wind. Preise für Innovationen, erste Plätze beim Hochschul-Ranking, Zensuren für Professoren, Vorlesungen vor dem Heimcomputer – manch ergrautem Hochschullehrer vergeht Hören und Sehen. Da kriegt selbst die ehrwürdige Alma Mater in Heidelberg große Augen.

Umbrüche

Apropos Heidelberg. Wer von Mannheim der Ehrlichen redet, muß auch von Heidelberg, der Glitzernden reden. Nur 15 Kilometer entfernt. Und von Schwetzingen, mit Festspielen und Schloßgarten, dem großen Versailles nachempfunden. Und von der Pfalz mit ihren lieblichen Weinorten, gerade vor der Haustür. Und von Ladenburg, dem mittelalterlichen, das die Römer gründeten. Und von Hockenheim, wo der Formel-1-Zirkus die Massen strömen läßt. Jede Woche einmal versammelt sich auf dem Rennkurs die Gemeinde der Inlineskater, um über die Strecke zu düsen, ein friedliches Nebeneinander. Freizeitvergnügen der speziellen Art, wie die Klezmer-Klänge auf den Mauern der Villa-Rustica bei Hirschberg, während die Bauern ernten und das Glas Riesling in der Abendsonne schimmert, den Geruch von Heu und umgepflügter Erde in der Nase.

Freizeitvergügen, das ist auch die Fan-Ecke im Carl-Benz-Stadion, wenn die Buben vom Waldhof spielen, immer noch Talentschmiede vom Arbeitervorort. Die Erste Bundesliga im Visier, auch wenn es nur zur Zweiten reicht. Wenn Offenbach kommt, gibt es meistens Randale und immer fehlt das Geld, wer sponsert schon gern die zweite Reihe?

Da haben die Adler mehr Glück, die Eishockey-Cracks, die fortwährend deutsche Meister werden, mit den Millionen von Dietmar Hopp, dem SAP Chef aus Mannheim, Dienstsitz Silicon-Valley Walldorf, der seine Jugendträume wahr werden läßt.

Wissenschaftsstandort, Kulturmeile, Sportstadt, Multi-Kulti-Gemeinde, Industrie-Metropole, die Stadt der Brezeln, Arbeiter und Kulturen, der Brüche und Umbrüche – nimm mich wie ich bin oder laß es bleiben!

Veit Lennartz

Lipsi Rad, Friedrichsplatz

Wasserturm 7

Eisstadion , Brezelfrau 11

Herschelbad, Konzert

Rosengarten, Festveranstaltung

16 Luisenpark, chinesisches Teehaus

Jungbusch, Kirche und Moschee

Theodor-Heuss-Anlage, Carl-Benz-Stadion

Gartenfreunde Mannheim-Ost e.V. 31

34　Eiscafé, Waldstrasse

Luzenberg, Konzert im »Lagerhaus« 43

44 Feuerwehr Friedrichsfeld

Café, Neckarstadt

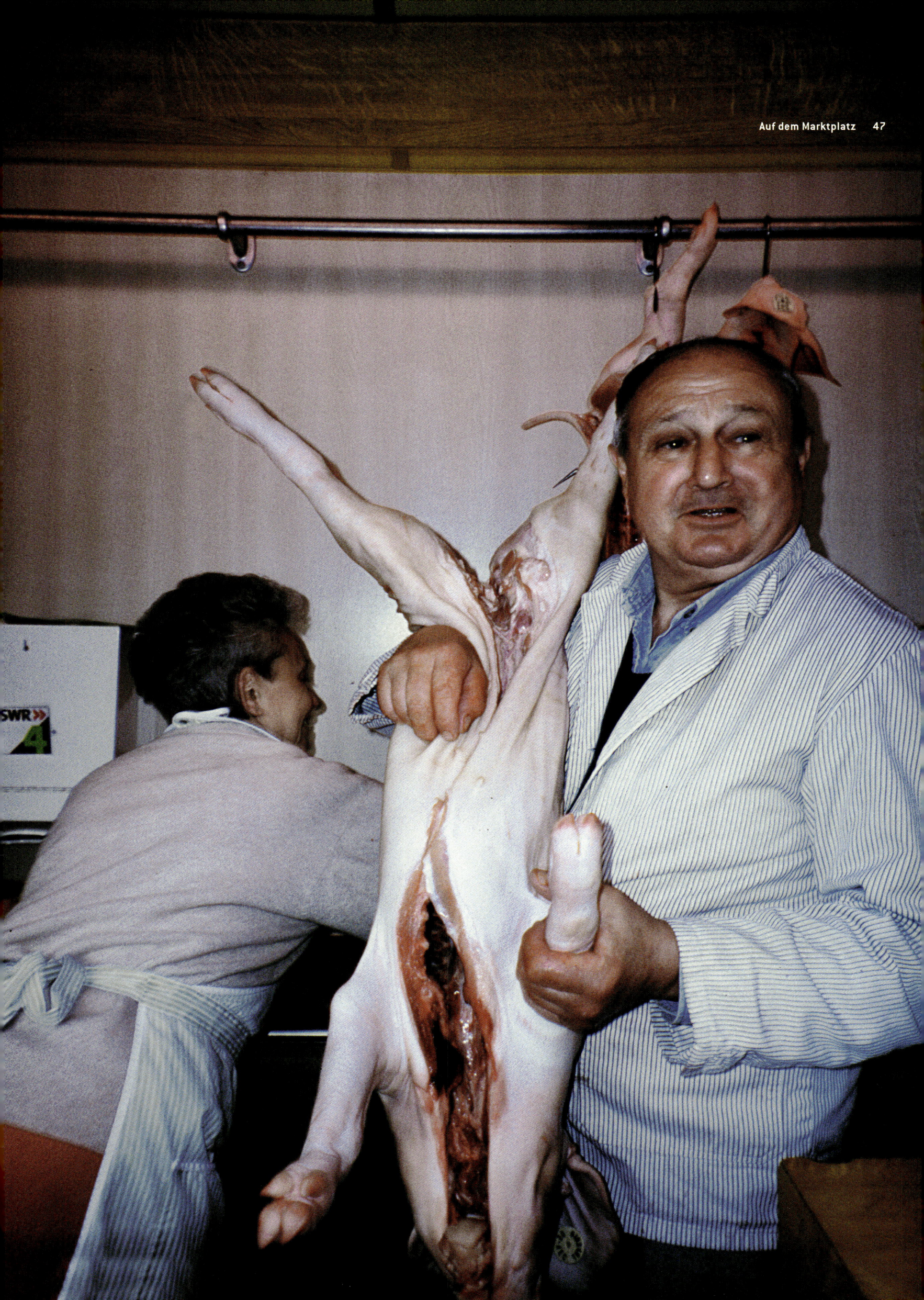

Fastnacht am Ring 49

50 Hafenbahnstrasse, DaimlerChrysler

Weihnachtsmarkt, Planken 51

Über Gerhard Vormwald

Foto: Günter Karl

1948 in Heidelberg geboren, lebte er bis 1975 in Edingen bei Mannheim. Lehre als Offsetdrucker in Ilvesheim. 1966-1971 Studium an der Freien Akademie Werkkunstschule/Fachhochschule Mannheim, (Gebrauchsgrafik bei Prof. Wolf Magin, Freie Kunst bei Prof. Hans Nagel). 1969-1972 Fotograf am Nationaltheater Mannheim und 1970-1971 Assistent für Druckgrafik an der FH Mannheim. 1971 Übernahme des Ateliers von Hans Nagel und Einrichtung eines Fotostudios in der Tullastraße in Mannheim. Magazin- und Werbefotografie sowie freie künstlerische Arbeiten. Ab 1975 diverse Auslandsreisen und erste Fotoinszenierungen. 1978-1981 erneut Bühnenfotograf am Nationaltheater Mannheim. 1983 Umzug mit der Familie nach Paris, Eröffnung eines Fotostudios im 14. Arrondissement. Werbekampagnen, Magazintitel und Fotoillustrationen in Zusammenarbeit mit Agenturen in Paris, Mailand, München und New York. Zahlreiche Reisen. Wiederaufnahme von malerischer und zeichnerischer Tätigkeiten sowie verstärkte Auseinandersetzung mit freien fotografischen Themen. 1988 Eröffnung des Ateliers Le Couèche südlich von Paris. 1990 Ausstieg aus der kommerziellen Auftragsfotografie. Neben fotografischen Arbeiten entstehen Malerei, Zeichnungen, Druckgrafik, Objekte und Texte. Ab 1991 Experimente mit digitalen Medien. Seit 1999 Professor für Fotografie an der Fachhochschule Düsseldorf. Ausstellungsaktivitäten im In- und Ausland. Vertreten in internationalen Sammlungen wie Centre Georges Pompidou und Bibliothéque Nationale de France, Paris; Kodak Eastman House, Rochester, USA; Musée de l'Elysée, Lausanne; Polaroid Collection, Amsterdam; Pinacoteka do Estado, Sao Paulo, Brasilien;. Museum Ludwig, Sammlung Gruber, Köln; Museum für Kunst und Gewerbe, Hamburg; Rheinisches Landesmuseum, Bonn, sowie der Kunsthalle Mannheim. Hier hatte Vormwald im Sommer 2001 eine Werkschau, zu deren Anlass ein umfangreicher Bildband im Verlag Edition Braus erschienen ist.

Die Fotografien zu dieser Publikation sind im Zeitraum von Juni 2000 bis Oktober 2001 während zahlreicher Aufenthalte in Mannheim entstanden. Die Bildauswahl und -zusammenstellung erfolgte ausschließlich unter subjektiv-künstlerischen Gesichtspunkten und erhebt keineswegs den Anspruch einer repräsentativen Gesamtdarstellung Mannheims. Gerhard Vormwald bedankt sich bei allen Mannheimerinnen und Mannheimern – vor und hinter der Kamera – für die freundliche Unterstützung bei seiner Arbeit; Herrn Bürgermeister Dr. Kurz und Herrn Michel Maugé für ihr mutiges Engagement bei der Durchsetzung dieses Projektes.

Titel: Liebespaar am Wasserturm

- 6 Lipsi Rad, Friedrichsplatz
- 7 Wasserturm
- 8 Augustaanlage, Hinterhof
- 9 Planken
- 10 Neckar
- 11 Eisstadion, Brezelfrau
- 12 Rhein, Strandbad
- 13 Herschelbad, Konzert
- 14 Rosengarten, Festveranstaltung
- 15 Nationaltheater Ballettsaal
- 16 Luisenpark, chinesisches Teehaus
- 17 Marktplatz
- 18 Augustaanlage
- 19 Capitol, »Söhne Mannheims«
- 20 Industriehafen
- 21 Geschäftseröffnung, Planken
- 22 Herschelbad
- 23 Jungbusch, Kirche und Moschee
- 24 Reissinsel
- 25 Neckarpromenade
- 26 Großkraftwerk, GKM
- 27 Quadrat G3
- 28 Carl-Benz-Stadion
- 29 Waldhof, Waldstrasse
- 30 Rheinaufähre
- 31 Gartenfreunde Mannheim-Ost e.V.
- 32 Kurpfalzstrasse
- 33 Kunsthalle Mannheim
- 34 Café in der Waldstrasse
- 35 Im Medienkaufhaus
- 36 Planetarium
- 37 Luzenberg, »Spiegel«-Kantine
- 38 Waldhofstadion am Alsenweg
- 39 Mannheim-Schönau
- 40 Neckarau, Angelstrasse
- 41 Fernmeldeturm, TSV 1846
- 42 N2, Parkhaus
- 43 Luzenberg, Konzert im »Lagerhaus«
- 44 Feuerwehr Friedrichsfeld
- 45 Café, Neckarstadt
- 46 Nationaltheater Mannheim
- 47 Auf dem Marktplatz
- 48 Friesenheimer Insel
- 49 Fastnacht am Ring
- 50 Hafenbahnstrasse, Daimler Chrysler
- 51 Weihnachtsmarkt, Planken
- 52 Maimarkt
- 53 Neckarvorlandstrasse
- 54 Inhaltsverzeichnis, Biographie

Rückseite:
Stadtwappen Autobahnausfahrt

Redaktion: Willi Hölzel, Gerhard Vormwald
Alle Fotos: Gerhard Vormwald
Text Seite 4/5 sowie Zitat Umschlag-Rückseite, Veit Lennartz
Recherche und Organisation:
Angelika Weimer, Günter Karl
Gestaltung und Realisation:
Willi Hölzel, luxsiebenzwo köln
Druck: Müller-Druck GmbH, Mannheim
März 2002
Copyright by Gerhard Vormwald, Fotos
Veit Lennartz, Text

Gerhard Vormwald fotografiert
mit AGFA-Filmen

ISBN 3-89904-016-3
Edition Braus